Las rocas, los MINERALES y el suelo

SUSAN MARKOWITZ MEREDITH

Rourke
Educational Media
rourkeeducationalmedia.com

www.rourkeeducationalmedia.com

Edición de la versión en inglés: Kelli Hicks
Cubierta: Teri Intzegian
Diseño interior: Tara Raymo
Traducción: Yanitzia Canetti
Adaptación, edición y producción de la versión en español de Cambridge BrickHouse, Inc.

978-1-61810-470-0 (Soft cover - Spanish)

Rourke Educational Media
Printed in the United States of America,
North Mankato, Minnesota

www.rourkeeducationalmedia.com - rourke@rourkepublishing.com
Post Office Box 643328 Vero Beach, Florida 32964

Contenido

Capítulo uno

Componentes de la Tierra

Las rocas, los minerales y el suelo forman parte de nuestra tierra sólida. Nosotros dependemos de ellos todos los días. Usamos rocas, por ejemplo, en todas nuestras calles y carreteras. Nuestras casas y edificios también contienen rocas, por dentro y por fuera.

Los minerales también juegan un papel muy importante en nuestras vidas. Las monedas y los teléfonos celulares, las computadoras y el vidrio, hacen uso de los minerales. Los cables que llevan la electricidad a nuestras ciudades y pueblos contienen minerales también. Lo mismo ocurre con los lápices y la pasta de dientes.

La tecnología moderna se basa en el chip de silicio, que proviene del mineral de cuarzo.

Dependemos del suelo en gran medida. El suelo es la tierra que está bajo nuestros pies. Caminamos y construimos sobre él. También en este crecen las plantas. Sea en campos agrícolas, en la pradera o en el bosque, las plantas del mundo necesitan del suelo. Y todos nosotros, los demás seres vivos, necesitamos de las plantas para sobrevivir.

MINERAL

ROCA

SUELO

Las rocas, los minerales y el suelo son útiles de manera independiente. Pero estos no están tan aislados como parece. Aparecen relacionados entre sí en toda la naturaleza.

Conceptos básicos sobre las rocas

La roca es el material duro y sólido a nuestro alrededor. Enormes masas de roca constituyen la parte sólida de la Tierra. Pero las rocas también se presentan en tamaños más pequeños, lo mismo en peñascos, piedras y cantos rodados que en arena y arcilla.

Sea cual sea su tamaño, hay algo que las rocas tienen en común: todas están formados por minerales. La mayoría de las rocas contienen dos o más minerales. A veces, sin embargo, una roca está compuesta de un solo mineral. Los minerales de muchas rocas son fáciles de ver. Pero también los hay muy pequeños.

La gente suele extraer los minerales a partir de las rocas que los contienen.

Los minerales: únicos en estructura y composición

Los minerales son sustancias químicas que se encuentran comúnmente en la Tierra. Hay miles de minerales conocidos. Sin embargo, solo alrededor de 25 componen la mayoría de los tipos de roca.

Cada mineral, cualquiera que sea su ubicación, tiene una composición química específica. Sus componentes son los elementos, que son las unidades más básicas que forman toda la materia. Los minerales constan de uno o más elementos.

Los minerales se clasifican en siete grandes grupos en función de su composición química.

Los geólogos coleccionan muestras de minerales, como esta Galena, por sus bellos colores y sus interesantes formas cristalinas.

Cada mineral tiene, además, una estructura única, que se mantiene igual sin importar el tamaño del mineral. Esta forma tridimensional proviene de los elementos del mineral. Cada uno tiene sus propios bloques de construcción, llamados **átomos**. Cuando los elementos de un mineral se combinan, sus átomos se ordenan de una manera específica.

Los átomos de algunos minerales forman un patrón ordenado. Estos minerales toman la forma de **cristales**. Un cristal es un sólido con muchas superficies planas que se repiten. Los minerales que no forman cristales crecen de una manera menos ordenada. También sus átomos tienen una disposición menos ordenada.

Las rocas y los minerales forman suelos diferentes

El suelo es el material suelto que se encuentra en la superficie de la Tierra. Este se compone principalmente de rocas y partículas minerales. Sin embargo, el suelo también contiene restos de vida vegetal y animal, conocidos como materia orgánica.

Una capa superior de suelo cubre la mayor parte de la Tierra. El suelo también se forma debajo de los ríos, lagos y océanos.

Hay muchos tipos diferentes de suelos. Su apariencia suele variar de un lugar a otro. La roca del suelo y las partículas minerales juegan un papel importante en esas diferencias. Factores tales como el tamaño de las partículas y la composición química afectan el suelo.

Los tres tipos de rocas

Las rocas pueden ser moteadas o de un solo color, rugosas o lisas, macizas o ahuecadas. La apariencia de una roca tiene mucho que ver con la composición del mineral, pero también con la manera en que se formó. Hay tres tipos de formaciones rocosas. Un tipo se forma cuando la roca fundida se enfría y se endurece. Un segundo tipo se forma con varias capas de partículas pequeñas. El tercer tipo de roca se forma bajo calor y presión intensos.

¿Cómo se formaron?

El granito se forma cuando la roca derretida o fundida se enfría y se endurece.

Varias capas de pequeñas partículas crearon esta roca, comúnmente conocida como carbón.

El intenso calor y la presión le dieron forma a esta roca, llamada mármol.

Roca formada por enfriamiento y endurecimiento

Hay un tipo de roca que surge de las profundidades de la Tierra, en grandes cavidades subterráneas. Allí la roca es tan caliente que se derrite. Esta roca fundida, llamada **magma**, es como una sopa de diferentes minerales y elementos.

Debido a que el magma es menos denso (y más ligero en peso) que la roca sólida a su alrededor, fluye hacia arriba. A medida que sube a la superficie, la temperatura de la Tierra disminuye. El magma se enfría y se endurece. El resultado es una roca **ígnea**.

La temperatura del magma es de 1400° a 2300 °F (760° a 1300 °C).

Roca ígnea bajo tierra

Por lo general, el magma fluye a través de profundas grietas que ya existen en la roca sólida. A veces se esparce entre las capas de roca antigua. Otras veces se cuela a través de diferentes capas, y rompe y empuja la roca a medida que avanza. Este magma finalmente se queda debajo de la tierra, se enfría y se endurece.

De forma subterránea, o **intrusiva**, las rocas ígneas se van formando lentamente. Se enfrían y se endurecen a lo largo de decenas de miles de años. Durante este período, los minerales de la roca tienen mucho tiempo para formar cristales, o cristalizarse. Estos cristales suelen crecer tanto que es posible verlos.

El granito es un ejemplo de roca ígnea intrusiva.

Esta enorme roca de granito en el parque nacional Yosemite, se eleva a más de 4737 pies (1444 metros) sobre el fondo del valle.

Roca ígnea sobre el suelo

El magma caliente también sube a la superficie de la Tierra. Por lo general, fluye hacia arriba a través de largos conductos o aberturas en la roca sólida. Estas montañas, llamadas conos volcánicos o volcanes, van agrandándose a medida que el magma sale al exterior.

Cuando el magma sale al aire y se endurece, se forma la roca ígnea **extrusiva**. Este se endurece muy rápido. Es decir, todos sus minerales cristalizan rápidamente y por tanto, los cristales son muy pequeños.

OBSIDIANA

PIEDRA PÓMEZ

BASALTO

LA LAVA FLUYE

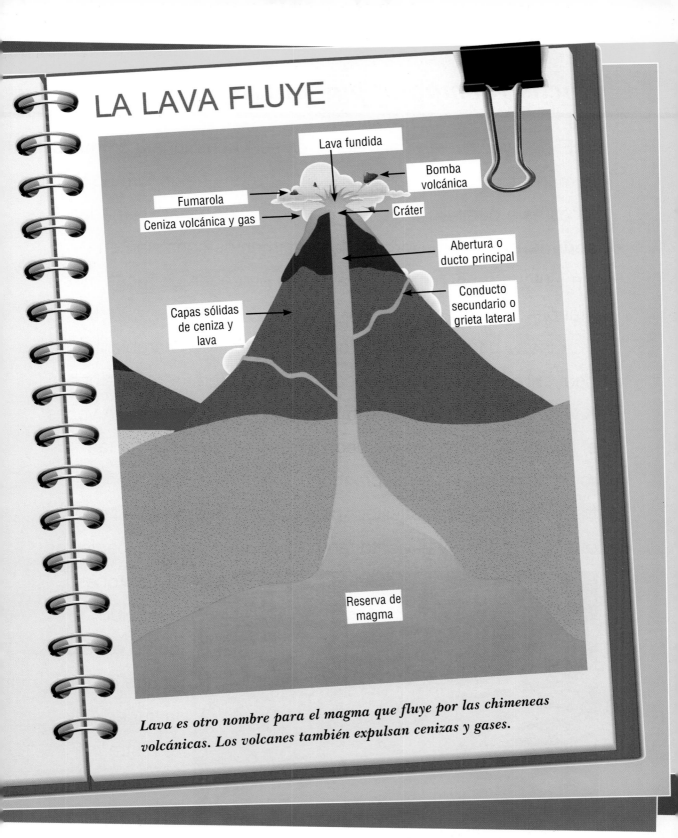

Lava fundida

Bomba volcánica

Fumarola

Ceniza volcánica y gas

Cráter

Abertura o ducto principal

Conducto secundario o grieta lateral

Capas sólidas de ceniza y lava

Reserva de magma

Lava es otro nombre para el magma que fluye por las chimeneas volcánicas. Los volcanes también expulsan cenizas y gases.

Rocas formadas por partículas

El endurecimiento del magma es solo una manera en que se forman las rocas. Una segunda manera en que se forman las rocas es a partir de capas de partículas pequeñas, llamadas **sedimentos**. La mayoría de los sedimentos consisten en diminutos fragmentos de roca. Estos proceden de rocas más grandes y antiguas.

Aunque parezca que las rocas sólidas nunca cambian, pequeños fragmentos de roca se desprenden todo el tiempo. A veces la lluvia va aflojando la superficie de una roca. A veces el agua que se congela y luego se descongela, agrieta las rocas y hace que se desprendan partículas. Los pequeños fragmentos pueden caer por pendientes y asentarse. El agua que se desplaza y el viento también pueden arrastrar partículas.

Este proceso, conocido como **erosión**, ocurre en toda la superficie terrestre.

Durante millones de años, los ríos pueden crear cañones al erosionar capa tras capa de roca.

Estas partículas pueden recorrer grandes distancias. Pueden ir a parar al mar, al lecho de un lago o incluso en tierra seca. Allí, los sedimentos se asientan capa tras capa.

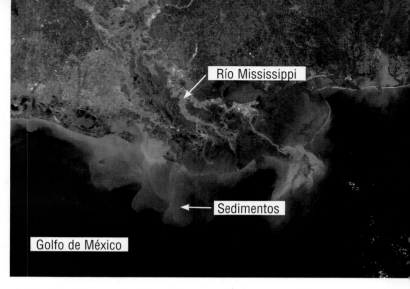

Cada día, el río Mississippi deposita miles de toneladas de sedimentos al desembocar en el Golfo de México.

Otros sedimentos

Los sedimentos también provienen de otras fuentes, tales como la materia orgánica. En el mar, un sinnúmero de pequeñas conchas marinas y esqueletos pueden formar capas en el fondo. En los pantanos, las plantas en descomposición se acumulan poco a poco.

Ciertos minerales disueltos en masas de agua, también pueden formar sedimentos. El proceso se inicia cuando el agua se evapora lentamente y queda menos y menos agua para mezclarse con los minerales. Ese exceso de minerales se agrupa para formar cristales. Estos cristales se forman lentamente.

La evaporación provocó que este yeso se cristalizara formando un grueso lecho mineral.

Capas comprimidas

Cualquiera que sea el sedimento, sus depósitos forman miles y miles de capas. Dado que las capas nuevas se asientan en la parte superior, las capas inferiores se van hundiendo cada vez más en la tierra. El peso de las capas superiores comprime las capas inferiores. La humedad en las capas más profundas hace que se agranden ciertos minerales. Al hacerlo, fusionan todos los sedimentos. Como resultado, se forma una roca **sedimentaria**. Este proceso toma cientos de miles de años.

La Ola es una formación rocosa en las laderas de Coyote Buttes, en Arizona.

Rocas sedimentarias a partir de fragmentos de roca:

Arenisca (arena)

Lutita (barro y arcilla)

Conglomerado de rocas sedimentarias (mezcla de piedras con barro o arena)

Rocas sedimentarias a partir de materia orgánica

Piedra caliza (conchas y esqueletos)

Carbón (restos fosilizados de plantas de pantano)

Roca sedimentaria a partir de minerales disueltos

Halita (la comestible "piedra de sal")

Roca formada por calor y presión

Un tercer tipo de roca se forma cuando el calor y / o la presión transforman la roca antigua y sólida. Esto ocurre en las profundidades de la Tierra. Allí, condiciones extremas pueden provocar que los minerales de la roca se fragmenten y formen nuevos cristales. O bien, varios minerales de la roca pueden juntarse para formar nuevos minerales. Como resultado de este proceso, se forma la roca **metamórfica**.

A veces, hay gases presentes cuando se forman las rocas metamórficas. Estos gases pueden añadir nuevos elementos que se combinan con los minerales de la roca. Su interacción puede crear nuevos minerales.

A menudo, enormes áreas de rocas muy profundas se transforman en roca metamórfica. Pero las áreas pequeñas también pueden transformarse. Esto ocurre cuando el magma que fluye toca la roca sólida a su alrededor. El intenso calor hace que los minerales de la roca antigua vuelvan a cristalizarse.

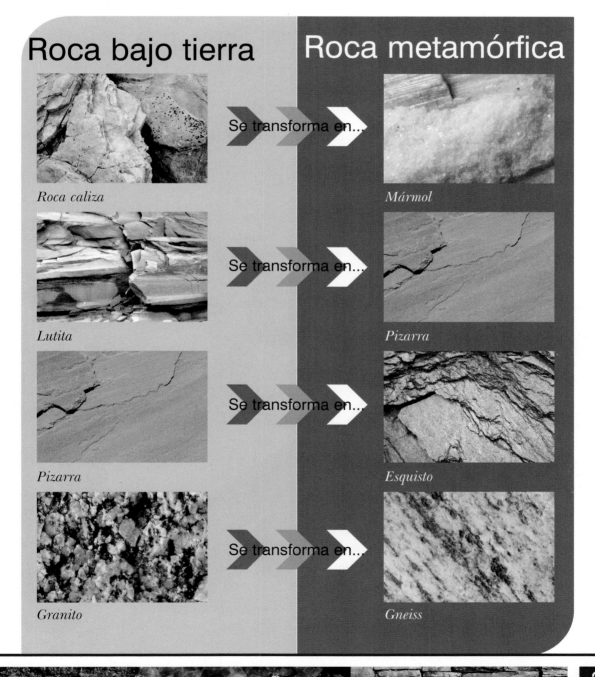

Roca bajo tierra

Roca metamórfica

Roca caliza

Se transforma en...

Mármol

Lutita

Se transforma en...

Pizarra

Pizarra

Se transforma en...

Esquisto

Granito

Se transforma en...

Gneiss

Observemos los minerales

Las rocas se forman cuando sus minerales crecen. Cada mineral comienza a construir su forma sólida a una cierta temperatura. La mayoría de los minerales necesitan líquido para crecer. Los diferentes minerales crecen a distintas velocidades.

Diversos gases, líquidos y otros minerales pueden afectar la forma en que crece un mineral.

A medida que crecen, los minerales adoptan diversas formas. Muchos minerales forman cristales. Pero otros forman granos, fibras, pepitas, o incluso trozos irregulares. Sin embargo, otros adoptan distintas formas. Cada una de esas formas se desarrolla bajo condiciones diferentes.

El hábito de un mineral es la forma cristalina más común de este.

Las formas cristalinas

Para que un mineral forme un cristal, necesita espacio para crecer. Con espacio suficiente, los cristales crecen en grupos para producir grandes estructuras cristalinas. Pero no todos los cristales tienen el mismo patrón de superficies planas. Algunos tienen la forma de cubos. Otros parecen cajas planas o rectángulos. Sin embargo, otros tienen la forma de cajas de seis caras. Los minerales tienen muchas formas cristalinas.

EJEMPLOS DE FORMAS CRISTALINAS

MONOCLÍNICA CÚBICA

HEXAGONAL ORTORRÓMBICA

TETRAGONAL TRICLÍNICA

turquesa

Tal vez los cristales más hermosos de todos sean
las piedras preciosas. Estos se forman solo bajo ciertas
condiciones. El mineral **corindón** común, por ejemplo, no
tiene color. Sin embargo, pequeñas cantidades de diferentes
elementos en ocasiones pueden teñir el corindón. Los rubíes y
los zafiros son dos formas coloridas del corindón.

Otras propiedades de los minerales

Los minerales varían de otras maneras también, que incluyen la forma en que se separan. Algunos se rompen en trozos irregulares. Otros tienden a dividirse en láminas delgadas. Y hay otros que se dividen en formas de cubo. Estas diversas formas de romperse se relacionan directamente con la disposición de los átomos en el mineral.

Como muchos otros minerales, la mica se separa en capas planas a través de sus griet

El color exterior es otra característica que identifica a muchos minerales. Pero no siempre es así. A veces, un mineral presenta varios colores. Cuando eso ocurre, la mejor manera de identificarlo es observar su **raya**. La raya es el polvo dejado atrás cuando el mineral se frota contra una superficie opaca de color blanco. La raya del mineral siempre tendrá el mismo color aunque este tenga diferentes colores por fuera.

La hematita a menudo se ve negra, pero la raya que produce siempre es de color marrón rojizo.

Cada mineral también tiene un cierto brillo o lustre. La composición química de un mineral determina su brillo. Algunos minerales tienen un brillo metálico, ya que contienen elementos metálicos. Muchos otros minerales son no metálicos. Parecen vítreos, sedosos, nacarados, o incluso opacos y sin ningún brillo.

PLATINO

ORO

COBRE

ALUMINIO

MERCURIO

Entre los elementos metálicos están el oro, la plata, el hierro, el cobre, el plomo, el mercurio, el uranio, el zinc, el platino y el aluminio.

Los minerales difieren además en su dureza. Algunos minerales se pueden arañar con la uña. Sin embargo, otros no se pueden marcar ni con un cuchillo. Los diamantes son tan duros que nada en el mundo los puede rayar.

Escala de Mohs

En 1822, el alemán Friedrich Mohs creó una escala para medir la dureza de todos los minerales. Esta escala se mantiene en uso hoy en día.

10	**Diamante (el más duro)**		5	**Apatita**
9	**Corindón**		4	**Fluorita**
8	**Topacio**		3	**Calcita**
7	**Cuarzo**		2	**Yeso**
6	**Ortoclasa**		1	**Talco (el más suave)**

Un mineral que raya la calcita (#3) pero no la fluorita (#4) tiene una dureza de 3.

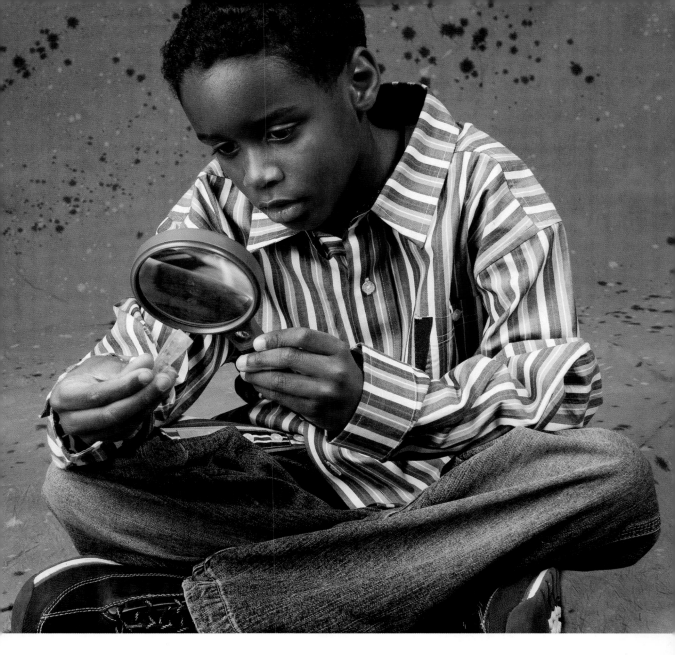

Para identificar un mineral, hace falta observar bien sus diferentes propiedades. Sin embargo, algunos minerales son más fáciles de identificar porque tienen una propiedad única. La halita, por ejemplo, tiene un sabor salado. El talco mineral se siente grasoso al tacto. El caolín, otro mineral, huele a tierra recién arada.

Capítulo cuatro

La formación del suelo

El suelo comienza a formarse cuando se rompen las rocas. Poco a poco, las fuerzas del viento y del agua, el calor y el frío, van aflojando las superficies rocosas. Con el tiempo, se desprenden pedazos de rocas y minerales. Estas partículas se van acumulando. Debajo de ellas está la roca de la que proceden, también conocida como roca madre.

A veces el viento y el agua llevan partículas de roca a un nuevo lugar, donde la roca madre es diferente.

RCILLA   LIMO   ARENA

Las partículas de roca del suelo pueden ser grandes, pequeñas o medianas. Algunas contienen gravas y cantos rodados, mientras que otras son arenosas. Sin embargo, algunas tienen partículas, conocidas como limo, que son menos gruesas que la arena. Las partículas más finas del suelo son de arcilla. Muchos suelos son una mezcla de arcilla, limo y arena.

La vida en el suelo

Para formarse, el suelo también necesita de materia orgánica. Esta materia proviene de plantas y animales en descomposición. Pequeños herbívoros, como las hormigas, los escarabajos y las babosas se alimentan de estos residuos. Al hacerlo, ayudan a que se descompongan en partículas más pequeñas. Las bacterias y otros microorganismos descomponen la materia orgánica aún más.

La materia orgánica en descomposición, llamada **humus**, ayuda a formar el suelo. Poco a poco, el humus ayuda a separar las partículas de roca. De este modo, permite que entre más agua y aire en el suelo, y permanezcan allí. El aire y el agua son también elementos importantes del suelo.

Las lombrices de tierra son como arados diminutos. Van formando el suelo mientras excavan. En el proceso, van rompiendo las partículas compactas.

El humus ayuda a mantener la vida de las plantas en el suelo.

Los suelos se forman de distintas maneras

El suelo se forma muy lentamente. Puede tomarle miles de años formarse. Aun así, se forma más suelo en algunas zonas que en otras. Una de las causas importantes es el clima. Si una región es cálida y húmeda, por ejemplo, las superficies de las rocas se aflojan con mayor rapidez. También la materia orgánica se descompone más rápido. Esto produce más suelo.

La ubicación específica también influye en la formación del suelo. En una ladera empinada, por ejemplo, el agua puede arrastrar partículas de suelo. La nieve derretida también puede arrastrar el suelo y llevarlo a otro sitio. El nuevo suelo suele acumularse en los valles.

Los tipos de roca y las partículas minerales en un suelo afectan su formación.

Hay muchos colores de suelos diferentes, desde amarillento y rojo hasta marrón oscuro y gris.

Las capas del suelo

Mientras el suelo se va formando, van apareciendo diferentes capas. Con el tiempo, la mayoría de las formas del suelo terminan en tres capas llamadas horizontes del suelo. Estas pueden ser delgadas o gruesas.

La capa superior, u horizonte A, tiene más humus que las demás. Es lo suficientemente profunda para sujetar las raíces de las plantas. La capa intermedia, u horizonte B, tiene menos materia orgánica que la capa superior, pero contiene muchos minerales. Debajo de esta capa está el horizonte C, que se parece más a la roca original, también llamada roca madre.

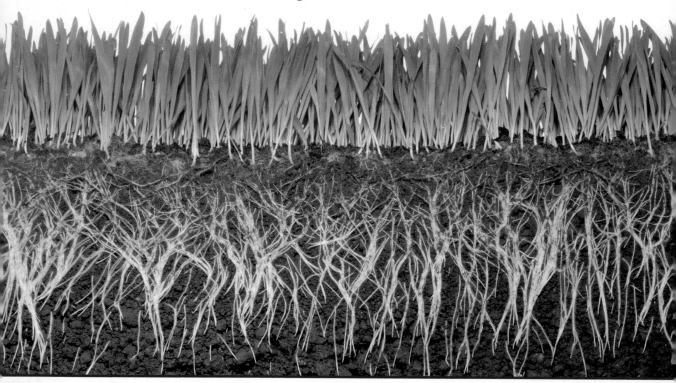

CAPAS DEL SUELO

Horizonte A
Mantillo o capa superior

Horizonte B
Subsuelo

Horizonte C
Material rocoso

Capítulo cinco

La Tierra y su evolución

La rocas, los minerales y el suelo están siempre en movimiento. Ellos se combinan y recombinan constantemente. Estos cambios tienen lugar por encima y por debajo de la superficie terrestre.

El Ciclo de las rocas

El ciclo más antiguo y lento de la Tierra es el de la formación de las rocas. Desde las profundidades de la Tierra, el magma caliente sube. El magma se enfría y se solidifica en roca ígnea. Con el tiempo, las fuerzas de la erosión aflojan su superficie y arrastran rocas y fragmentos de minerales. Estos fragmentos se acumulan en capas. Finalmente, estas se solidifican en roca sedimentaria. Las capas más profundas, sometidas a gran presión y calor, se transforman en roca metamórfica. Cuando esta roca se calienta lo suficiente, se funde de nuevo formando el magma. Y así, comienza otra vez el ciclo.

EL CICLO DE LAS ROCAS

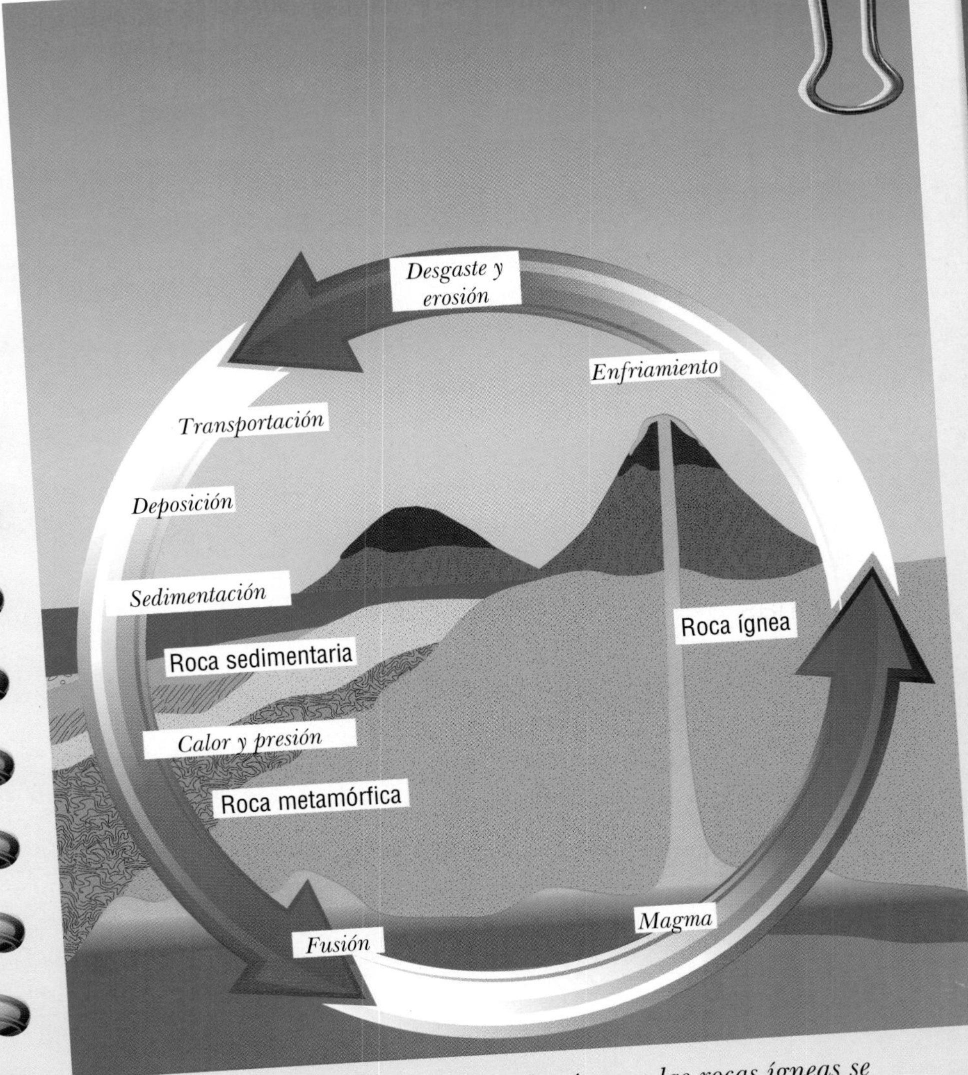

Desgaste y erosión

Enfriamiento

Transportación

Deposición

Sedimentación

Roca sedimentaria

Calor y presión

Roca metamórfica

Roca ígnea

Fusión

Magma

No todas las rocas siguen el mismo ciclo. A veces las rocas ígneas se convierten en rocas metamórficas. A veces, los fragmentos de rocas sedimentarias forman nuevas rocas sedimentarias. La formación de las rocas puede tomar caminos muy diversos.

Muchas rocas y fragmentos minerales permanecen de manera prolongada en la superficie terrestre. Así se convierten en partículas del suelo. De hecho, el suelo recibe un suministro fresco de roca y fragmentos minerales todo el tiempo. Los organismos vivos también le brindan al suelo materia orgánica de forma regular.

Pero el suelo también se desgasta. Fuerzas naturales pueden remover el suelo de una zona, y a veces muy rápido. Las actividades humanas también destruyen el suelo de diferentes maneras. Por ejemplo, nuestros edificios y carreteras a veces cubren el suelo fértil. Ciertas técnicas de cultivo también dañan el suelo. Estos métodos hacen que los nutrientes del suelo se pierdan.

Proteger los recursos

Las rocas, los minerales y el suelo son importantes recursos naturales. Nuestra sociedad hace uso de ellos todos los días. Nosotros trituramos enormes masas de roca para producir materiales de construcción. Cavamos minas en todo el mundo en busca de minerales. Y cultivamos en millones de acres de tierras fértiles.

Estos valiosos recursos están aquí para que los usemos. Pero depende de nosotros que lo hagamos con sabiduría.

Ayudamos a proteger nuestros recursos

Glosario

átomos: las partes más diminutas, o bloquecitos de construcción, que conforman los elementos

corindón: mineral común y sin color que en ocasiones se convierte en piedra preciosa.

cristales: formas sólidas de una sustancia, como el mineral, compuestas de muchas superficies planas que se repiten

elementos: unidades químicas básicas que se encuentran en toda la materia y que no se pueden dividir en sustancias más simples

erosión: cambios causados por fuerzas naturales, incluidas la lluvia, el hielo y el viento

extrusivo: roca ígnea que se forma encima del suelo

humus: materia orgánica que se descompone en el suelo

ígneas: tipo de rocas formadas cuando el magma que sube se enfría y endurece

intrusivo: roca ígnea que se forma bajo el suelo

lava: magma que fluye fuera de un volcán

magma: roca líquida y caliente que suele encontrarse en las profundidades de la Tierra en forma de bolsas subterráneas

metamórfica: tipo de roca que se crea cuando las rocas pre-existentes cambian de forma debido al calor y / o la presión

raya: una franja larga y delgada, suele referirse al polvo que deja un mineral cuando se frota contra una superficie blanca y opaca

sedimentos: partículas de roca y otros materiales que suelen depositarse en capas

sedimentaria: tipo de roca formada por capas que se comprimen y compactan

Índice

Sitios en la internet

terraweb.wr.usgs.gov/TRS/kids

www.mnh.si.edu/earth/main_frames.html

www.fi.edu/fellows/fellow1/oct98/create

www.minsocam.org/MSA/K12/K_12.html

www.rocksforkids.com/RFK/identification.html

Acerca de la autora

A Susan Markowitz Meredith le gusta aprender acerca de la naturaleza de las cosas. Disfruta compartir, sobre todo, lo que descubre con los jóvenes. Hasta el momento ha escrito 40 libros de diversos temas, que incluyen las ciencias naturales. Ha producido además algunos programas de televisión para los jóvenes pensadores.